Agrippine.

.... on avait prédit à la mère de Néron, s'il était empereur, qu'il la ferait mourir: il n'importe, dit elle, occidat dum imperet; je ne me soucie pas qu'il me tue pourveu que je le voye empereur; et Dieu permit en punition de la mère, que l'enfant devint très-meschant garnement, et la fit mourir très-inhumainement....

Extrait d'un bouquin intitulé, La Sainte curiosité, question 75. (pourquoy est-ce que bien souvent les enfants sont punis pour les péchés des parents?) p. 182. Paris, Estienne Danguy, 1643. (L'ouvrage est d'un prêtre nommé de Cérisiers, grand écrivailleur de drogues.)

YTh
12268

LA MORT D'AGRIPPINE,

TRAGEDIE.

Par Cirano-Bergerac.

1653.

ACTEURS.

TIBERE, Empereur de Rome.

SEJANUS, Favori de Tibere.

NERVA, Senateur, Confident de l'Empereur.

TERENTIUS, Confident de Sejanus.

AGRIPPINE, Veuve de Germanicus.

CORNELIE, sa Confidente.

LIVILLA, Sœur de Germanicus, & Bru de l'Empereur.

FURNIE, sa Confidente.

Troupe de Gardes.

La Scene est à Rome, dans une Salle du Palais de Tibere.

LA MORT D'AGRIPPINE,
TRAGEDIE.

ACTE I.
SCENE PREMIERE.
AGRIPPINE, CORNELIE.

AGRIPPINE.

E te vais retracer le tableau de sa gloire,
Mais feins encore aprés d'ignorer son histoire ;
Et pour me rendre heureuse une seconde fois,
Presse-moy de nouveau de conter ses exploits.
Il doit être en ma bouche aussi-bien qu'en mon ame,
Pour devoir chaque instant un triomphe à sa Femme.
Mais ne te fais-je point de discours superflus ?
Je t'en parle sans cesse.
CORNELIE.
Il ne m'en souvient plus,
Et j'attens...
AGRIPPINE.
Apprens donc, comme ce jeune Alcide

AGRIPPINE,

Fut des Geans du Rhin le superbe homicide,
Et comme à ses côtez faisant marcher la mort,
Il échauffa de sang les rivieres du Nort.
Mais pour voir les dangers où dans cette conquête
La grandeur de son ame abandonna sa tête,
Pour voir ce que son nom en emprunta d'éclat,
Ecoute le recit de son dernier combat.
   Déja notre Aigle en l'air balançoit le tonnerre
Dont il devoit brûler la moitié de la terre,
Quand on vint rapporter au grand Germanicus,
Qu'on voyoit l'Allemand sous de vastes écus,
Marcher par un chemin couvert de nuits sans nom-
   bre.
L'éclat de notre acier en dissipera l'ombre,
(Dit-il) & pour la charge il leve le signal ;
Sa voix donne la vie à des corps de metal.
Le Romain par torrens se répand dans la plaine,
Le Colosse du Nort se soûtient à grand' peine ;
Son énorme grandeur ne luy sert seulement
Qu'à montrer à la Parque un plus grand logement ;
Et tandis qu'on heurtoit ces murailles humaines,
Pour épargner le sang des Legions Romaines,
Mon Héros ennuyé du combat qui trainoit,
Se cachoit presqu'entier dans les coups qu'il donnoit.
Là des bras emportez, là des têtes brisées,
Des troupes en tombant sous d'autres écrasées,
Font fremir la campagne du choc des combattans,
Comme si l'Univers trembloit pour ses enfans.
De leurs traits assemblez l'effroyable descente
Forme entr'eux & la nuë une voûte volante,
Sous qui ces fiers Tyrans, honteux d'un sort pareil,
Semblent vouloir cacher leur défaite au Soleil.
Germanicus y fit ce qu'un Dieu pouvoit faire,
Et Mars en le suivant crut être témeraire.
Ayant fait du Germain la sanglante moisson,
Il prit sur leurs Autels leurs Dieux même à rançon,
Afin qu'on sçût un jour par des exploits si braves,
Qu'un Romain dans le Ciel peut avoir des esclaves.
O quel plaisir de voir sur des monceaux de corps,
Qui marquoient du combat les tragiques efforts,
Dans un Livre d'airain la superbe Victoire

TRAGEDIE.
Graver Germanicus aux fastes de la Gloire !
CORNELIE.
Votre Epoux soûmettant les Germains à ses loix,
Ne voulut que leur nom pour prix de ses exploits.
AGRIPPINE.
Du Couchant à l'Aurore ayant porté la guerre,
Notre Héros parut aux deux bouts de la terre,
En un clin d'œil si prompt, qu'on peut dire aujour-
   d'huy
Qu'il devança le jour qui couroit devant luy.
On crut que pour défendre en tous lieux notre Em-
   pire,
Ce Jupiter sauveur se vouloit reproduire ;
Et passant comme un trait tant de divers climats,
Que d'un degré du Pôle il ne faisoit qu'un pas
Dans ces Pays brûlez où l'arene volante,
Sous la marche des siens étoit étincelante :
De cadavres pourris il infecta les airs,
Il engraissa de sang leurs steriles deserts,
Afin que la moisson pouvant naître en ces plaines,
Fournît de nourriture aux Legions Romaines ;
Que par cet aliment notre peuple orgueilleux
Suçât avec leur sang quelque amitié pour eux ;
Et qu'un jour le succés d'un combat si tragique
Pût reconcilier l'Europe avec l'Afrique.
Enfin tout l'Univers il se seroit soûmis ;
Mais il eut le malheur de manquer d'ennemis.
   Mon cher Germanicus étoit donc sur la terre
Le souverain Arbitre & de paix & de guerre,
Et se trouvoit si haut par dessus les humains,
Que son pied se posoit sur le front des Romains,
Alors qu'en Orient terminant sa carriere,
Dans la source du jour il perdit la lumiere,
Et pour un lit superbe, à son dernier sommeil,
Il s'alla reposer au berceau du Soleil.
   Voila comme il vêcut, & je te veux encore
Peindre dans son couchant cet Astre que j'adore,
Afin que le malheur de mon illustre Epoux
Par ces tristes tableaux réveille mon courroux,
Et que par les horreurs de la fin de sa vie,
Je m'excite à haïr ceux qui l'ont poursuivie.

AGRIPPINE,
CORNELIE.
C'est accroître vos maux.
AGRIPPINE.
Ne me refuse pas
D'écouter le recit d'un si sanglant trépas,
Où mon cœur déchiré de Bourreaux invisibles,
En iroit émouvoir les rochers insensibles.
Tibere qui voyoit les pleurs de l'Univers
Conjurer mon Epoux de le tirer des fers,
Et qui sçavoit assez qu'au milieu des batailles
Ses amis luy seroient de vivantes murailles ;
Comme un acier tranchant, comme un brûlant tison,
Du filet de ses jours il approcha Pison.
Pison part, il s'avance, & dans chaque Province
Qu'il oyoit retentir des armes de mon Prince,
Par des coups non sanglans, des meurtres de la voix,
Ce lâche ternissoit l'éclat de ses exploits :
Mais semblable au rocher, qui battu de l'orage,
De la Mer qui le bat semble être le naufrage,
Le nom de mon Heros, par le choc affermi,
Reflechissoit les coups dessus son ennemi.
Il arrive, & mon Prince ignorant sa malice,
D'un veritable amour payoit son artifice,
Quand nous vîmes tomber ce demi-Dieu Romain
Sous l'invisible coup d'une invisible main.
Une brûlante fiévre allume ses entrailles ;
Il contemple vivant ses propres funerailles ;
Ses artéres enflez d'un sang noir & pourri,
Regorgent du poison dont son cœur est nourri.
A qui le considere, il semble que ses veines,
D'une liqueur de feu sont les chaudes fontaines,
Des Serpens enlacez qui rampent sur son corps,
Ou des chemins voûtez qui menent chez les morts :
La terre en trembla même, afin que l'on pût dire
Que sa fiévre causoit des tourmens à l'Empire.
CORNELIE.
Jamais la mort ne vint d'un pas si diligent.
AGRIPPINE.
Et Pison toutefois le trouve encor trop lent.
Pour le précipiter joignant le sortilege,
Du poison sans horreur il monte au sacrilege,

TRAGEDIE.

Te donne à terrasser par des charmes couverts,
Le Démon des Romains au Démon des Enfers.
Ainsi l'Enfer, les Cieux, la Nature, & l'Envie,
Unirent leurs fureurs contre une seule vie.

CORNELIE.

Ah ! ne condamnez point la lâcheté du sort !
Pour perdre un si grand Homme il faut plus d'une mort.

AGRIPPINE.

D'un rouge ténébreux sa chair ensanglantée,
Fut le triste témoin que Nature irritée
Produisit du poison, afin de se purger
Du crime dont à Rome on eût pû la charger.

CORNELIE.

Les auteurs de sa mort meritoient ses supplices.

AGRIPPINE.

Je sçauray les punir avecque leurs complices.
Pison est déja mort, & bien-tôt l'Empereur,
Livilla, Sejanus sentiront ma fureur :
Ce couple criminel qu'un adultere assemble,
S'étant joints pour le perdre, expireront ensemble;
Ils suivront mon Epoux, ces lâches ennemis,
Qui de tous mes enfans ne m'ont laissé qu'un fils.

SCENE II.
SEJANUS, AGRIPPINE, CORNELIE.

SEJANUS.

Madame, la nouvelle en est trop assûrée ;
L'Empereur ce matin est sorti de Caprée :
Il marchoit droit à Rome accompagné des siens,
Des Soldats Allemans, & des Prétoriens ;
Et l'on croit que demain nous verrions à nos portes
Trois de ses Legions, & cinquante Cohortes.

AGRIPPINE.

C'est un sujet de joye, & non pas de douleur ?

Tome I.   Gg

Ennuyé de l'attendre, il court à son malheur,
Et n'approche de Rome en homme de courage,
Que pour nous épargner la peine du voyage.
Voy comme aveuglément il vient chercher l'Autel ;
Frappons, cette victime attend le coup mortel :
Mais gardons qu'échapant au couteau du Ministre,
Sa suite ne devienne un présage sinistre.

SEJANUS.

Sans avancer nos jours, pour avancer sa mort,
Regardons son naufrage à couvert dans le port ;
Et gauchissons de sorte en montant à l'Empire,
Que selon le succés nous puissions nous dédire.
L'Empereur qui connoît tous vos desseins formez,
Ignore que je trempe à ce que vous tramez ;
Il m'écrit qu'il espere, assisté de ma brigue,
Joindre avec le Senat tout le peuple à sa ligue.
Ce trait de confiance est un gage assûré
Qu'il ne soupçonne point que j'aye conjuré.
Ainsi, quoy que d'affreux son courroux entreprenne,
Je vous tiendray toujours à couvert de sa haine :
Prononcez son Arrest irrévocablement ;
Mais parmi tant d'écueils hâtons-nous lentement.

AGRIPPINE.

Conduis ma destinée ; aussi-bien la Fortune,
Triomphans, ou vaincus, nous doit être commune :
Mais sçache, si de moy tu prétens disposer,
Que le Trône est le Temple où je dois t'épouser.
Informe Livilla du retour de Tibere,
De peur que sa surprise effarouche son pere ;
Moy j'iray cependant solliciter nos Dieux,
Ils me doivent secours, puisqu'ils sont mes Ayeux.

SCENE III.

AGRIPPINE, CORNELIE.

AGRIPPINE.

Qu'en dis-tu, Cornelie ; Enfin...

TRAGEDIE.

CORNELIE.
Enfin, Madame,
Du traître Sejanus deviendrez-vous la Femme ?
Faut-il que l'assassin de votre cher Epoux
Se trace par son crime un chemin jusqu'à vous ?
Que dans son meurtrier votre Mari se treuve,
Et vienne se sauver dans le lit de la Veuve ?
Quoy ! n'entendez-vous point le grand Germanicus,
Porté sur un monceau de cadavres vaincus,
S'écrier des Enfers : Femme ingrate & perfide,
Tu vas joindre ma race avec mon homicide ?
Voila comme il se plaint, ce Heros outragé,
Que sa Veuve en dix ans n'a pas encor vangé.

AGRIPPINE.
Moy, de mes ennemis je deviendrois la mere !
Moy qui les dois punir du crime de leur pere !
Rouge encor de mon sang, il viendroit, l'assassin,
En qualité d'Epoux me presenter sa main !
Donc mes fils en mes flancs ne pourroient trouver
    place,
Sans augmenter le nom du Bourreau de ma race !
Donc avec eux naîtroit, malgré tout mon amour,
L'execrable devoir de les priver du jour !
Donc ces infortunez, sans le pouvoir connêtre,
Seroient mes ennemis avant même que d'être !
Deviendroient criminels entre les mains du Sort,
Et pour avoir vêcu meriteroient la mort !
Du plus vil des Romains je me ferois un Maître !
Et veuve d'un Heros j'épouserois un Traitre !
Ah ! ne m'accuse point de tant de lâcheté,
Et pénétre un peu mieux dans mon cœur irrité.
Voy jusqu'où doit aller le courroux d'Agrippine,
Qui l'oblige à flater l'Auteur de sa ruine ;
Et combien il est grand, puis que pour l'occuper,
Etant ce que je suis, je m'abaisse à tromper.
Ouy, j'abhorre ce Monstre. Aprés l'avoir ravie,
Pour le tuer encor, je luy rendrois la vie :
Et je voudrois qu'il pût, sans tout-à-fait perir,
Et sans cesse renaître, & sans cesse mourir.
Mais helas ! je ne puis me vanger de Tibere,
Que par la seule main de mon lâche adversaire :

Car Sejanus vainqueur luy percera le flanc,
Où Sejanus vaincu payera de son sang.
Si Tibere y demeure, alors je suis vengée;
Si contre Sejanus la Fortune est rangée,
Je verray satisfaite, entrer au monument,
De mon Epoux meurtri le premier instrument.
 Mais Livilla paroit, j'évite sa presence,
Elle hait ma rencontre, & la sienne m'offense.

SCENE IV.
LIVILLA, SEJANUS, TERENTIUS.

LIVILLA.

J'Ay beau voir en triomphe un Empereur Romain
S'avancer contre nous le tonnerre à la main;
Ce n'est pas l'ennemi que je crains davantage.

SEJANUS.

Ah! dites-moy son nom, cette longueur m'outrage;
Vous le plaindrez plûtôt que vous ne le craindrez,
Et j'attens, pour agir, ce que vous resoudrez.

LIVILLA.

Ecoute. Auparavant qu'un refus m'ait blessée,
Sur tout ce que tu crains applique ta pensée,
Propose-toy le fer, la flâme, & le poison,
Fais jusques dans ton cœur descendre ta raison,
Et t'informe de luy, quoy que je te demande,
S'il est prêt d'accorder tout ce qu'il apprehende.

SEJANUS.

Il est tout prêt, Madame, à remplir vos souhaits.

LIVILLA.

Encore un coup, prens garde à ce que je promets.
Ce que je veux sera peut-être ta ruine.

SEJANUS.

N'importe, parlez; c'est?...

LIVILLA.

 C'est la mort d'Agrippine.

SEJANUS.

D'Agrippine, Madame! helas! y pensez-vous?

TRAGEDIE.

LIVILLA.
D'Agrippine ma Sœur, qui conspire avec nous :
Mon Mari sous ma haine est tombé pour victime,
Mon cœur aprés cela ne connoît plus de crime ;
Jeune encore & timide, en mon timide sein,
Il osa me pousser à ce noble dessein.
Et toy perfide Amant, dont l'amour me diffame…

SEJANUS.
Tremperay-je ma main dans le sang d'une Femme ?

LIVILLA.
Je sais, pour m'animer à ce coup plein d'effroy,
Des efforts bien plus grands que tu n'en fais sur toy.
J'entens de toutes parts le Sexe & la Nature,
Qui me font de ce meurtre une horrible peinture :
Mais Femme, je pourray voir du sang sans horreur ;
Et parente, souffrir qu'on égorge ma Sœur.
Je l'ay trop offensée ; & la mort qui m'effraye,
Est le seul appareil qui peut fermer sa playe.
On voit fumer encor de ses plus chers parens,
Sur la route d'Enfer, les vestiges sanglans ;
Rien qu'un cercueil ne couvre un acte de la sorte,
Et pour elle ou pour moy, c'est la fatale porte,
Par qui le sort douteux, d'un ou d'autre côté,
Mettra l'un des partis en pleine liberté.
Encor si mon trépas satisfaisoit sa haine !
Mais de ta mort peut-être elle sera ma peine,
Puis qu'elle a découvert, au gré de son courroux,
A l'éclat de ma flame un passage à ses coups.
Donc pour me conserver, conservant ta personne,
Sauve-moy des frayeurs que sa rage me donne.

SEJANUS.
Non, non, détrompez-vous de ces vaines frayeurs,
Elle croit l'Empereur cause de son malheurs,
Je l'ay persuadée.

LIVILLA.
Elle feint de le croire ;
Pour un temps sur sa haine elle endort sa memoire ;
Mais crains-la d'autant plus qu'elle craint de s'ouvrir ;
C'est pour elle trop peu de te faire mourir,
Si par ta mort toy-même assouvissant sa rage,
Tu n'en es l'instrument, & n'en hâtes l'ouvrage.

AGRIPPINE,

Quoy, je t'ay de mon Frere immolé jusqu'au nom !
Sur son fameux débris élevé ton renom,
Et chassé, pour complaire à toy seul où j'aspire,
De mon lit & du jour l'heritier de l'Empire !
Je semblois un Lion sur le Trône enchaîné,
Qui t'en gardoit l'abord comme à toy destiné.
J'ay fait à ton amour, au peril de la tombe,
Des Heros de ma race un funeste hecatombe ;
Et ne préjugeant pas obtenir les souhaits
D'un si grand criminel, que par de grands forfaits,
On m'a vû promener, encor jeune, encor fille,
Le fer & le poison par toute ma famille,
Et rompre tous les nœuds de mon sang, de ma foy,
Pour n'être plus liée à personne qu'à toy.
Chaque instant de ma vie est coupable d'un crime;
Paye au moins tant de sang du sang d'une victime;
Je n'en brûle de soif qu'afin de te sauver
Du bras qu'à ton malheur ce sang fera lever.
Ose donc, ou permets, quand on joindra notre ame,
Que je sois ton Mari, si tu n'es que ma Femme.

SEJANUS.

Du précipice affreux prêt à nous engloutir,
Agrippine & son sang nous peuvent garantir;
Prodiguons sa puissance à terrasser Tibere;
Quand elle aura sans nous détruit nôtre Adversaire,
Nous trouverons par elle un Trône dans le port,
Et serons en état de songer à sa mort.

LIVILLA.

Tu m'en donnes parole ; hé bien, je suis contente,
L'espoir que j'en auray flattera mon attente ;
A Jupiter vengeur je vais offrir des vœux,
Si pourtant d'un tel coup j'ose parler aux Dieux,
Car le crime est bien grand de massacrer Tibere.

SEJANUS.

Tibere, ce Tyran qui fit mourir ton pere !

LIVILLA.

Ah ! le traitre en mourra ; fais, fais-moy souvenir,
Quand d'injustes remords viendront m'entretenir,
Afin de s'opposer au meurtre de Tibere,
Que Tibere est celuy qui fit mourir mon pere.

SCENE IV.
TERENTIUS, SEJANUS.
TERENTIUS.

Immoler Agrippine à l'objet de ton feu !
La victime sera plus noble que le Dieu.
SEJANUS.
Que vous connoissez mal le sujet qui m'enflâme !
TERENTIUS.
Quoy ! Livilla n'est point …
SEJANUS.
      Non, je la hay dans l'ame,
Et quoy qu'elle m'adore, & qu'elle ait à mes vœux
Immolé son Epoux, son Frere, & ses Neveux,
Je la trouve effroyable ; & plus sa main sanglante
Execute pour moy, plus elle m'épouvante :
Je ne puis à sa flâme apprivoiser mon cœur,
Et jusqu'à ses bienfaits me donnent de l'horreur ;
Mais j'aime sa Rivale avec une Couronne,
Et je brûle du feu que son éclat luy donne ;
De ce bandeau Royal les rayons glorieux
Augmentent la beauté des rayons de ses yeux ;
Et si l'âge flétrit l'éclat de son visage,
L'éclat de sa Couronne en repare l'outrage.
Enfin pour exprimer tous ses charmes divers,
Sa foy me peut en dot apporter l'Univers.
Quoy que de son Epoux ma seule jalousie,
Par les mains de Pison ait terminé sa vie,
Elle a toujours pensé, que des raisons d'Etat
Ont poussé l'Empereur à ce lâche attentat.
Ainsi, Terentius, un Royal Hymenée
Doit bientôt à son sort unir ma destinée ;
Un Diadême au front en sera le lien.
TERENTIUS.
Le cœur d'une Amazone étoit digne du tien.

SEJANUS.

Tel, jaloux de mon rang tenteroit ma ruine,
Qui n'osera choquer un Epoux d'Agrippine;
Ce nœud m'affermira dans le Trône usurpé;
Et son Fils qui me hait, dans sa fureur trompé,
Au profond de son ame arrêtant sa colere,
Craindra de s'attaquer au Mari de sa Mere,
Ou forcée à le perdre, avec moins de courroux,
Elle en pardonnera le meurtre à son Epoux.
Mais allons préparer, dans la pompe celebre
Du retour de Tibere, une pompe funebre.

Fin du premier Acte.

TRAGEDIE.

ACTE II.

SCENE PREMIERE.
TIBERE, NERVA.

TIBERE.

Ouy, la Couronne enferme, & cache beaucoup plus
De pointes sous le front, qu'il n'en paroît dessus;
De ma triste grandeur j'ay vû Rome Idolâtre :
Mais que j'ay pour regner d'ennemis à combâtre !

NERVA.

C'est trop te défier de ton noble destin ;
Agrippine te hait, mais elle est femme enfin.

TIBERE.

Que de justes frayeurs s'emparent de mon ame !
Le grand Germanicus me combat dans sa Femme.
De ce Prince au tombeau le nom ressuscité,
Semble accourir aux vœux qui l'ont sollicité ;
Sous mon Trône abbatu, ce nouvel Encelade
Du profond des Enfers à ma Cour retrograde,
Et jette un cri si haut, que du bruit effrayé,
Je doute s'il foudroye, ou s'il est foudroyé.
Par un souffle brûlant que sa rage respire,
Il émeut la revolte au sein de mon Empire ;
Et le perfide encor, pour braver mes desseins,
Me combat à couvert dans le cœur des Romains.

NERVA.

D'un tout si dangereux perds le dangereux reste.

TIBERE.

Je sçais bien qu'Agrippine à mes jours est funeste :

Mais si sans l'achever ma haine l'entreprend,
Le courroux qui l'anime en deviendra plus grand ;
Et si dans le Senat on la trouve innocente,
Je la force à venger cette injure sanglante.
NERVA.
Que me dis-tu, Seigneur ? elle est coupable.
TIBERE.
En quoy ?
NERVA.
D'être ou d'avoir esté plus puissante que toy.
Elle rameine au choc les bandes allarmées,
Casse ou nomme à son gré les Empereurs d'Armées,
Montre en Caligula son Ayeul renaissant,
Intimide le foible, achete le puissant ;
Emplit ton cabinet de ses pensionnaires :
Enfin jusqu'à ta garde & tes Legionnaires,
Fallût-il se noircir d'une lâche action,
Sont généralement à sa dévotion.
Elle est ambitieuse, elle te croit coupable ;
Crains qu'elle ne corrompe un serviteur de table ;
Rarement un grand Roy que l'on peut envier,
Echappe du poison donné par l'heritier.
TIBERE.
O Ciel ! si tu veux perdre un Empereur de Rome,
Que son trépas au moins soit l'ouvrage d'un homme !
NERVA.
Cesar, pour prévenir ses desseins furieux,
Elle est dans ton Palais, qu'on l'égorge à tes yeux ?
TIBERE.
L'équité nous oblige à plus de retenuë ;
On ne l'a qu'accusée, & non pas convaincuë.
NERVA.
Le Sceptre qu'en tes mains dispute son renom,
Dans tes mains ébranlé ne tient plus qu'à ton nom ;
Cours le prix d'une gloire en gloire sans seconde,
Au bout de la carriere est le Trône du monde :
Mais encor qu'il puisse être à tous deux destiné,
Qui l'atteindra plûtôt y sera couronné ;
En partant le premier devance donc sa course,
Et coupe les ruisseaux du torrent dés la source.
Quoy ? suporteras-tu sans honte ou sans effroy,

TRAGEDIE.

Que l'Empire balance entre une femme & toy?
Pers, pers cette orgueilleuse, avant qu'elle connoisse
De ton regne ébranlé la moitelle foiblesse.
Un soupçon de revolte à l'apparence joint,
Est un crime d'Etat qu'on ne pardonne point:
Cesar, il la faut perdre.

TIBERE.
     Ouy, Nerva, je la donne,
Sans rien examiner, au bien de ma Couronne:
Elle mourra.

NERVA.
   Cesar...

TIBERE.
    Elle mourra: mais Dieux!
Comment me dérober au peuple furieux?
Car si de ce combat j'emporte la victoire,
Son sang pour la vanger peut jaillir sur ma gloire.
C'est un foudre grondant, suspendu, prêt à cheoir,
Qu'au dessus de ma tête il ne faut pas mouvoir.

NERVA.
Non, Seigneur, non, sa perte est & seure & facile.

TIBERE.
Il faut donc l'engager à sortir de la Ville.

NERVA.
Elle iroit, la superbe, en cent climats divers
Promener la revolte aux bouts de l'Univers;
Et jettant du discord la semence féconde,
Armeroit contre toy les deux moitiez du monde:
Elle uniroit les bras de tout le Genre humain,
Joindroit les deux Soleils du Parthe & du Germain,
Provoqueroit la Paix à te faire la guerre,
Et sur toy seul enfin renverseroit la terre.

TIBERE.
Pour l'empêcher d'agir, il faut la rassûrer;
Si son crime paroit, feindre de l'ignorer:
Et puis, quand nous aurons le secours que j'espere,
La mienne à découvert bravera sa colere.
Mais la voicy; n'importe, il la faut regaler
D'un offre dont l'éclat suffit pour l'aveugler.
Voy comme son front cache & montre sa vengeance,
Et dans quelle fierté la superbe s'avance:

Hh 2

Pour me tromper encor elle vient en ces lieux:
Mais écoute-nous feindre à qui feindra le mieux.

SCENE II.
TIBERE, AGRIPPINE, SEJANUS, NERVA, TERENTIUS.

AGRIPPINE.

Ton retour imprévû, tes gardes redoublées,
Trois fortes Legions prés de Rome assemblées,
M'ont fait avec raison craindre quelque attentat
Ou contre ta Personne, ou contre ton Etat :
C'est pourquoy dans un temps suspect à ma patrie,
Où le Romain troublé s'attroupe, s'arme & crie,
J'ameine à ton secours mes proches, mes amis,
Et tous ceux que mon rang me peut avoir soûmis.

TIBERE bas à Nerva.

L'impudente, Nerva ! Genereuse Princesse,
Je ne puis par ma bouche exprimer ma tendresse,
Car un moindre present que le Trône d'un Roy
Ne sçauroit m'acquitter de ce que je te doy :
De Rome à ce dessein j'approche mon Armée,
Pour forcer cette Esclave au joug accoûtumée,
D'adorer dans ton fils ce Prince bien aimé,
L'Image d'un Heros qu'elle a tant estimé :
Oüy, je viens sur son front déposer ma Couronne;
Et quiconque osera choquer ce que j'ordonne,
C'est un traître, un mutin, qu'en vassal plein de cœur
J'immoleray moy-mesme au nouvel Empereur.

AGRIPPINE.

Qui renonce à sa gloire en offrant sa Couronne,
Il en acquiert, Cesar, plus qu'il n'en abandonne ;
Tu m'estimes beaucoup de me la presenter,
Mais je m'estime trop pour pouvoir l'accepter :
C'est en la refusant qu'on s'en doit rendre digne,
Je veux que l'Univers en juge par ce signe.

TRAGEDIE.

TIBERE.

Auguste ton Ayeul, contre les droits du sang,
M'adopta pour monter aprés luy dans son rang:
Quoy qu'avecque ton sexe il connût ton audace,
Il n'osa te choisir pour occuper sa place;
Il eut peur, connoissant combien sans se flater,
La Machine du monde est pesante à porter,
Que d'un poids inégal à la grandeur de l'ame
Cet énorme fardeau tombât sur une femme;
Et qu'un Sceptre appuyé d'une si foible main,
Soûtint mal la grandeur de l'Empire Romain:
Mais quoy que sa prudence, en bravant la Nature,
T'ait ravy la Couronne avec beaucoup d'injure,
Puis qu'aujourd'huy son sang en tes bras affoibli
A dans ceux de ton fils ses forces rétabli,
Je le veux élever par droit hereditaire,
Aprés un interregne, au Trône de son pere.

AGRIPPINE.

Fille du grand Cesar que je dois imiter,
Je le cede au Heros qu'il crut le meriter,
Pour montrer par un choix aussi grand, aussi juste,
Que je suis & du sang & dans l'esprit d'Auguste.

TIBERE.

Et par cette raison, son esprit & son sang
Sont des droits à ton fils pour monter à mon rang;
J'en ay le Diadéme, & d'une foy sincere,
Je le veux rendre au fils, l'ayant reçû du Pere.

AGRIPPINE.

Avec un Diadéme on n'attache pas bien
Un cœur tout genereux qui veut aimer pour rien.

TIBERE.

Pour te la conserver, j'ay reçû la Couronne;
Je te la rends, Princesse.

AGRIPPINE.

    Et moy je te la donne.

TIBERE.

Mais comme j'en dispose au gré de tes parens,
C'est moy qui te la donne.

AGRIPPINE.

    Et moy je te la rends.

As-tu droit d'esperer que cette ame hautaine

AGRIPPINE,
En générosité succombe sous la tienne ?
TIBERE.
Ecoute dans ton sein ton cœur te démentir.
AGRIPPINE.
Qui choisit par raison, ne se peut repentir.
TIBERE.
Tu me hais, & tu veux éteindre par envie
La plus belle action dont éclate ma vie.
Ah ! pardonne à l'honneur du Monarque des Rois,
Ou de ton pere en nous respecte au moins le choix.
AGRIPPINE.
Aux siécles à venir quelque jour à ta gloire
Nos Neveux étonnez apprendront dans l'Histoire,
Qu'un Roy de sa Couronne a dépoüillé son front ;
Et ces mêmes Neveux, à ma gloire apprendront,
Que ce Prince en fit l'offre à la seule personne
Qui pouvoit refuser l'éclat d'une Couronne,
Et que l'ordre des Dieux luy voulut désigner,
De peur qu'un si bon Roy ne cessât de regner.
TIBERE.
Regne, je te l'ordonne, & regnant fais connoître
Que tu sçais m'obéïr encor comme à ton Maitre.
AGRIPPINE.
Regne, je te l'ordonne, & respectant ma loy,
Obéïs, pour montrer que tu n'es plus mon Roy :
Regne, & puis que tu veux me rendre Souveraine,
Montre, en m'obéïssant, que je suis déja Reine ;
Reprens donc ta Couronne ; aussi-bien, couronner
Celle qui te commande, est ne luy rien donner.
TIBERE.
Tâche, mon Sejanus, d'ébranler sa constance,
Toy qui lis dans mon cœur, & vois ce que je pense ;
Tu luy découvriras les secrets de mon cœur,
Et les vastes desseins que j'ay pour sa grandeur.

SCENE III.
SEJANUS, AGRIPPINE, TERENTIUS.

SEJANUS.

Lors que contre soy-même avec nous il conspire,
Quelle raison vous meut à refuser l'Empire ?
AGRIPPINE.
Alors que dans ton sein mon portrait fut tracé,
Le portrait de Tibere en fut-il effacé ?
Ou desaccoûtumé du visage d'un traître,
L'as-tu vû sans le voir, & sans le reconnoître ?
Je t'excuse pourtant ; non, tu ne l'as point vû,
Il étoit trop masqué pour être reconnu.
Un homme franc, ouvert, sans haine, sans colere,
Incapable de peur, ce n'est point là Tibere ;
Dans tout ce qu'il paroît, Tibere n'est point là ;
Mais Tibere est caché derriere tout cela.
De monter à son Trône il ne m'a poursuivie,
Qu'à dessein d'épier s'il me faisoit envie ;
Et pour peu qu'à son offre il m'eût vû balancer,
Conclure aveuglément que je l'en veux chasser.
Mais quand il agiroit d'une amitié sincere,
Quand le ressentiment des bienfaits de mon pere,
Ou quand son repentir eût mon choix appellé
A la possession du bien qu'il m'a volé,
Sçache que je préfere à l'or d'une Couronne,
Le plaisir furieux que la vengeance donne ;
Point de Sceptre aux dépens d'un si noble couroux,
Et du vœu qui me lie à venger mon Epoux.
Mais bien loin qu'acceptant la suprême puissance,
Je perde le motif d'une juste vengeance,
Je veux qu'il la retienne, afin de maintenir
Agrippine & sa race au droit de le punir :
Si je l'eusse accepté, ma vengeance assouvie

N'auroit pû sans reproche attenter sur sa vie,
Et je veux que le rang qu'il me retient à tort,
Me conserve toujours un motif pour sa mort.
 D'ailleurs c'est à mon fils qu'il remettroit l'Empire,
Est-ce au nom de Sujet où ton grand cœur aspire?
Penses-y meurement; quel que soit ton dessein,
Tu ne m'épouseras que le Sceptre à la main.
 Mais adieu, va sonder où tend tout ce mystere,
Et confirme toujours mon refus à Tibere.

SCENE IV.
SEJANUS, TERENTIUS.
TERENTIUS.

Par les cuisans soucis où flotte l'Empereur,
 Du peril où tu cours mesure la grandeur,
Crains que dans le complot, comme un sage interprete,
De la moitié connuë il passe à la secrette:
Car je veux que le Ciel, secondant tes souhaits,
Tu menes ta Victoire où tendent tes projets;
D'une marche du Trône Agrippine approchée,
La soif de se venger non encore étanchée,
Et par un si grand coup ne redoutant plus rien,
Elle voudra du sang, & peut-être le tien:
Peut-être qu'en ton lit, aux bras de l'Hymenée,
Le fer de son Epoux attend ta destinée,
Que sa douleur secrette espere en te tuant,
Venger son mari mort sur son mari vivant,
Et qu'à ce cher Epoux qui regle sa colere
Elle veut immoler le vainqueur de Tibere:
Donc pour sauver ta tête, abandonne la Cour;
Tu connois la Fortune, & son funeste amour.

SEJANUS.

Mettre les voiles bas n'ayant point perdu l'Ourse?
Je suis trop ébranlé pour retenir ma course;
Je veux monter au Trône, ou m'en voir accablé,

TRAGEDIE.

Car je ne puis si tard commencer à trembler.
TERENTIUS.
Superbe, ta naissance y met un tel obstacle
Que pour monter au Trône il te faut un miracle.
SEJANUS.
Mon sang n'est point Royal, mais l'heritier d'un Roy
Porte-t-il un visage autrement fait que moy ?
Encor qu'un toît de chaume eût couvert ma naissance,
Et qu'un Palais de marbre eût logé son enfance,
Qu'il fût né d'un grand Roy, moy d'un simple Pasteur,
Son sang auprés du mien est-il d'autre couleur ?
Mon nom seroit au rang des Héros qu'on renomme
Si mes Prédecesseurs avoient saccagé Rome :
Mais je suis regardé comme un homme de rien,
Car mes Predecesseurs se nommoient gens de bien.
Un César cependant n'a guéres bonne vûë,
Dix degrez sur sa tête en bornent l'étendüe,
Il ne sçauroit au plus faire monter ses yeux
Que depuis son berceau jusques à dix Ayeux :
Mais moy, je retrograde aux Cabanes de Rome,
Et depuis Sejanus jusques au premier homme :
Là n'étant point borné du nombre ni du choix,
Pour quatre Dictateurs j'y rencontre cent Rois.
TERENTIUS.
Mais le crime est affreux de massacrer son Maître !
SEJANUS.
Mais on devient au moins un magnifique traître.
Quel plaisir sous ses pieds de tenir aux abois
Celuy qui sous les siens fait gémir tant de Rois !
Fouler impunément les Têtes couronnées,
Faire du genre humain toutes les destinées,
Mettre aux fers un Cesar, & penser dans son cœur,
Cet Esclave jadis étoit mon Empereur !
TERENTIUS.
Peut-être en l'abbattant tomberas-tu toy-même.
SEJANUS.
Pourvû que je l'entraîne avec son Diadéme,
Je mourray satisfait, me voyant terrassé
Sous le pompeux débris d'un Trône renversé :

Et puis, mourir n'est rien, c'est achever de naître,
Un Esclave hier mourut pour divertir son Maître ;
Aux malheurs de la vie on n'est point enchaîné,
Et l'ame est dans la main du plus infortuné.
TERENTIUS.
Mais n'as-tu point d'horreur pour un tel parricide ?
SEJANUS.
Je marche sur les pas d'Alexandre & d'Alcide ;
Penses-tu qu'un vain nom de traître, de voleur,
Aux hommes demi-Dieux doive abbatre le cœur ?
TERENTIUS.
Mais d'un coup si douteux peux-tu prévoir l'issuë.
SEJANUS.
De courage & d'esprit cette trame est tissuë :
Si César massacré, quelques nouveaux Tyrans
Elevez par mon crime au Trône où je prétens,
Songent à s'emparer du pouvoir Monarchique,
J'appelleray pour lors le peuple en Republique,
Et je luy feray voir que par des coups si grands
Rome n'a point perdu, mais changé ses Tyrans.
TERENTIUS.
Tu connois cependant que Rome est Monarchique,
Qu'elle ne peut durer dans l'Aristocratique,
Et que l'Aigle Romaine aura peine à monter,
Quand elle aura sur soy plus d'un homme à porter.
Respecte & crains des Dieux l'effroyable tonnerre.
SEJANUS.
Il ne tombe jamais en Hyver sur la terre,
J'ay six mois pour le moins à me moquer des Dieux,
Ensuite je feray ma paix avec les Cieux.
TERENTIUS.
Ces Dieux renverseront tout ce que tu proposes.
SEJANUS.
Un peu d'encens brûlé rajuste bien des choses.
TERENTIUS.
Qui les craint, ne craint rien.
SEJANUS.
Ces enfans de l'effroy,
Ces beaux riens qu'on adore, & sans sçavoir pourquoy,
Ces alterez du sang des bestes qu'on assomme,

TRAGEDIE.

Ces Dieux que l'homme a fait, & qui n'ont point
  fait l'homme,
Des plus fermes Etats ce fantasque soûtien,
Va, va, Terentius, qui les craint ne craint rien.*

TERENTIUS.
Mais s'il n'en étoit point, cette Machine ronde...

SEJANUS.
Ouy, mais s'il en étoit, serois-je encore au monde ?

SCENE V.

SEJANUS, TERENTIUS, LIVILLA.

LIVILLA.

Quoy, tu rester à Rome, & le Foudre grondant
Ne pourra t'éveiller, si ce n'est en tombant ?
Fuy, fuy, tout est perdu.

SEJANUS.
    L'Empereur sçait la trame ?

LIVILLA.
Tout est perdu, te dis-je ?

SEJANUS.
    Ah! poursuivez, Madame.

LIVILLA.
Tu n'as plus qu'un moment.

SEJANUS.
    Mais de grâce, pourquoy ?
Tibere...

LIVILLA.
Au nom des Dieux, Sejanus, sauve-toy.

SEJANUS.
Apprenez-nous au moins qui vous rend si troublée ?

LIVILLA.
J'ay honte de l'effroy dont je suis accablée,
Mais on peut bien trembler quand le Ciel tremble aussi.
Ecoute donc sur quoy je m'épouvante ainsi.
Des poings du Victimaire aujourd'hui nos Hosties,
Le couteau dans la gorge, en fureur sont parties,

L'Aruspice a trouvé le cœur défectueux,
Les poulmons tout flétris & le sang tout bourbeux,
La chair du Sacrifice au brasier petillante,
Distilloit sur l'Autel une liqueur puante;
Le bœuf n'a pas esté mortellement atteint,
L'encensoir allumé par trois fois s'est éteint;
Il est sorti de terre une vaine figure;
On n'a point vû manger les oyseaux de l'Augure,
Le Sacrificateur est chû mort en tuant,
Le Temple s'est fermé du côté d'Orient,
Il n'a tonné qu'à droite, & durant cet extase
J'ay vû nos Dieux foyers renversez de leur base.
SEJANUS.
Quoy? ces présages vains étonnent ton courroux?
Ils sont contre Tibere, & non pas contre nous.
Si les Dieux aux mortels découvroient leurs mysteres,
On en liroit au Ciel les brillans caracteres:
Mais quoy qu'il en puisse être, il sera glorieux
D'avoir fait quelque chose en dépit de nos Dieux:
Car si notre fureur succombe à la fortune,
Au moins dans les transports d'une rage commune
Nous poursuivrons Tibere avec tant de courroux,
Que l'on verra suer le Destin contre nous.
LIVILLA.
Le Destin grave tout sur des tables de cuivre,
On ne déchire pas les feüillets d'un tel Livre.
SEJANUS.
Achevons donc le crime où ce Dieu nous astraint,
C'est luy qui le commet, puis qu'il nous y contraint.
LIVILLA.
Mon esprit est remis, & ton noble courage,
Quoy qu'annonce le Ciel, est un heureux présage.
Allons de cent Argus Tibere environner,
Arrêtons les avis qu'on luy pourroit donner;
Et puis qu'il ne tient pas tout le secret encore,
Coupons vers notre bout la moitié qu'il ignore.

Fin du second Acte.

ACTE III.

SCENE PREMIERE.
AGRIPPINE, CORNELIE.
AGRIPPINE.

Sanglante Ombre qui passe & repasse à mes yeux,
Fantôme dont le vol me poursuit en tous lieux,
Tes travaux, ton trepas, ta lamentable histoire,
Reviendront-ils sans cesse offenser ma memoire ?
Ah ! trêve, cher Epoux, si tu veux m'affliger,
Prête-moy pour le moins le temps de te venger.
CORNELIE.
Il vient vous consoler de sa cruelle absence.
AGRIPPINE.
Il vient, il vient plutôt me demander vengeance.
Te souvient-il du temps qu'au fort de ses douleurs,
Couronné dans son lit de ses amis en pleurs,
Il crioit : O Romains, cachez-moy cette offrande,
C'est un bras, non des yeux, que mon sort vous de-
 mande ;
Mes plus grands ennemis n'ont rien tant désiré
Que de me voir un jour digne d'être pleuré.
A de plus hauts pensers élevez donc votre ame,
Pleurer Germanicus, c'est le venger en Femme ;
On me plaindra par-tout où je suis renommé :
Mais pour vous, vengez-moy, si vous m'avez aimé ;
Car, comme il est honteux à qui porte une épée,
L'avoir l'ame à pleurer mollement occupée,
Si du sang répandu sont les pleurs d'un Romain,
J'espere que vos yeux seront dans votre main.

Forcez donc mes Bourreaux de soupirer ma perte,
C'est la seule douleur qui me doit être offerte ;
Ouy, cherchez, poursuivez, jusqu'à la terre ouvrir,
La terre parlera pour vous les découvrir.
Que par les yeux sanglans de cent mille blessures,
Leurs corps défigurez pleurent mes avantures,
Et que Pison le traître... A ce mot de Pison
Son ame abandonna sa mortelle prison,
Et s'envola mêlée au nom de ce perfide,
Comme pour s'attacher avec son homicide :
Enfin je l'ay vû pâle, & mort entre mes bras ;
Il demanda vengeance, & ne l'obtiendroit pas !
Un si lâche refus...

CORNELIE.
L'aimez-vous ?

AGRIPPINE.
Je l'adore.

CORNELIE.
Madame, cependant Tibere vit encore...

AGRIPPINE.
Attens encore un peu, mon déplorable Epoux ;
Tu le verras bientôt expirant sous mes coups,
Et ravi par le sort aux mains de la Nature,
Son sang à gros boüillons croître chaque blessure ;
Son esprit, par le fer, dans son siége épuisé,
Pour sentir tout son mal en tous lieux divisé,
Entre cent mille éclairs de l'acier qui flamboye,
Gemissant de douleur, me voir pasmer de joye,
Et n'entendre, percé de cent glaives aigus,
Que l'effroyable nom du grand Germanicus.
Qu'il est doux, au milieu des traits qu'on nous décoche,
De croire être offensé quand la vengeance aproche !
Il semble que la joye au milieu de mes sens
Reproduise mon cœur par-tout où je la sens,
Pour former du Tyran l'image plus horrible,
Chaque endroit de mon corps devient intelligible ;
Afin que tout entiere en cet accés fatal,
Je renferme, je sente, & comprenne son mal.
Usurpant les devoirs de son mauvais génie,
Je l'attache aux douleurs d'une lente agonie ;

TRAGEDIE.

Je compte ses sanglots, & j'assemble en mon sein
Les pires accidens de son cruel destin ;
Je le voy qui pâlit, je voy son ame errante
Couler dessus les flots d'une écume sanglante,
L'estomac enfoncé de cent coups de poignard,
N'avoir pas un Ami qui luy jette un regard ;
S'il pense de sa main boucher une blessure,
Son ame s'échapper par une autre ouverture :
Enfin ne pouvant pas m'exprimer à moitié,
Je le conçois réduit à me faire pitié.
Voy quels transports au sein d'une femme offensée
Cause le souvenir d'une injure passée.
Si la Fortune instruite à me desobliger,
M'ôtoit tous les moyens de me pouvoir venger,
Plûtôt que me resoudre à vaincre ma colere,
Je m'irois poignarder dans les bras de Tibere,
Afin que soupçonné de ce tragique effort,
Il attirât sur luy la peine de ma mort.
Au moins dans les Enfers j'emporterois la gloire
De laisser, quoy que Femme, un grand nom dans
    l'Histoire :
Mais le discours sied mal à qui cherche du sang.

CORNELIE.

Vous !

AGRIPPINE.

Ouy moy, de Cesar je veux percer le flanc,
Et jusques sur son Trône herissé d'hallebardes,
Je veux, le massacrant au milieu de ses Gardes,
Voir couler par ruisseaux de son cœur expirant,
Tout le sang corrompu dont se forme un Tyran.

SCENE II.

TIBERE, AGRIPPINE, CORNELIE,
Troupe de Gardes.

TIBERE *se presentant.*

Poursuivez.
AGRIPPINE.
Quoy, Seigneur?
TIBERE.
Le propos détestable
Où je vous ay surprise.
AGRIPPINE.
Ah! ce propos damnable
D'une si grande horreur tous mes sens travailla,
Que l'objet du fantôme en sursaut m'éveilla.
TIBERE.
Quoy, cela n'est qu'un songe, & l'horrible blasphême
Qui choque des Cesars la Majesté suprême,
Ne fut dit qu'en dormant?
AGRIPPINE.
Non, Cesar, qu'en dormant:
Mais les Dieux qui pour lors nous parlent clairement,
Par de certains effets dont ils meuvent les causes,
En nous fermant les yeux, nous font voir toutes choses.
Ecoute donc, Seigneur, le songe que j'ay fait,
Afin que le recit en détourne l'effet.
Je reclamois des Dieux la sagesse profonde,
De regir par tes mains les affaires du monde;
Quand les sacrez Pavots qui nous tombent des Cieux,
D'un sommeil prophetique ont attaché mes yeux.
Aprés mille embarras d'especes mal formées,
Que la chaleur vitale entretient de fumées,
Je ne sçay quoy de blême, & qui marchoit vers moy,
A crié par trois fois: Cesar, prens garde à toy.

Un

TRAGEDIE.

Un grand bruit aussi-tôt m'a fait tourner visage,
Et j'ay vû de Cesar la pâlissante image,
Qui couroit hors d'haleine en me tendant les bras ;
Ouy, Cesar, je t'ay vû menacé du trépas;
Mais comme à ton secours je volois, ce me semble,
Nombre de meurtriers qui couroient tous ensemble,
T'ont percé sur mon sein ; Brutus les conduisoit,
Qui loin de s'étonner du grand coup qu'il osoit,
Sur son Trône, a-t-il dit, herissé d'hallebardes,
Je veux le massacrant au milieu de ses Gardes,
Voir couler par ruisseaux de son cœur expirant,
Tout le sang corrompu dont se forme un Tyran.
J'en étois là, Seigneur, quand tu m'as entenduë.

TIBERE.
La réponse est d'esprit, & n'est pas mal conçuë.

AGRIPPINE.
Ah! Cesar, il n'est plus d'azile en ta maison.
Quoy! tu tiens pour suspects de fer & de poison
Jusques à tes parens, avec qui la Nature
T'attache par des nœuds d'immortelle tissure?
Connois mieux Agrippine, & celle d'opprimer,
Avec ceux que ton sang obligent de t'aimer,
Ceux que soutient ton rang. Sejanus, par exemple,
Superbe, sanguinaire, homme à brûler un Temple,
Mais qui pour ton salut accepteroit la mort,
Ne peut être accusé, ni soupçonné qu'à tort:
Et cependant, Cesar, un fourbe, un lâche, un traître,
Pour gagner en flateur l'oreille de son Maître,
Peut te dire aujourd'hui...

Sejanus entre, sans être vû d'Agrippine ni de Tibere.

SCENE III.

TIBERE, AGRIPPINE, SEJANUS.

AGRIPPINE continuë sans voir Sejanus.

Sejanus te trahit,
Il empiéte à pas lents ton Trône, l'envahit,
Il gagne à son parti les Familles puissantes,
Il se porte heritier des Maisons opulentes,
Il brigue contre toy la faveur du Senat.

SEJANUS bas.
O Dieux ! elle m'accuse.

AGRIPPINE.
Il renverse l'Etat,
Il seme de l'argent parmi la populace.

SEJANUS bas à Agrippine, en se jettant aux pieds de l'Empereur.
Nous perirons, Madame, & sans implorer grace.
Ouy, Seigneur, il est vray, j'ay conjuré.

TIBERE.
Qui, toy ?

AGRIPPINE.
On peut te dire pis encor de luy, de moy :
Mais à de tel rapports il est d'un Prince sage
De ne pas écouter un foible témoignage.

SEJANUS bas.
Imprudent, qu'ay-je fait ? tout est desesperé.

TIBERE.
Mais enfin, Sejanus luy-même a conjuré.
Il l'avouë.

SEJANUS.
Ouy, Seigneur.

TIBERE.
L'eussiez-vous crû, Princesse ?

SEJANUS.
J'ay conjuré cent fois ta profonde sagesse,

TRAGEDIE.

De ne point écouter ces lâches ennemis
Qui te rendent suspects Agrippine & son Fils.
Ne souffre pas, Seigneur, qu'une ame déloyale
Dégorge son venin sur la Maison Royale ;
Tout le Palais déja frémit de cet affront,
Et ta couronne même en tremble sur ton front ;
Rome en est offensée, & le peuple en murmure.
Préviens de grands malheurs, Cesar, je t'en conjure,
Je t'en conjure encor par l'amour des Romains,
Et par ces tristes pleurs dont je mouïlle tes mains.

TIBERE.

Comment ?

SEJANUS.

Tes Legions qui s'approchent de Rome
Réveillent en sursaut la ville d'un grand somme ;
Elle croit que tu veux abreuver ses remparts
De ce qui reste encor du sang de nos Cesars,
Et qu'après tant de sang que ta soif se destine,
Tu viens pour te baigner dans celuy d'Agrippine.
Le peuple en tous ses bras commence à se mouvoir,
Il fait aux plus sensez tout craindre & tout pouvoir,
Pour te l'ôter de force, il résout cent carnages,
Autour de ton Palais il porte ses images,
Il brave, il court, il crie, & presque à ton aspect
Menace insolemment de perdre tout respect :
Etouffe en son berceau la revolte naissante.

TIBERE.

Il arrête Agrippine qui veut sortir.

Agrippine, arrêtez ; si le desordre augmente,
Un desaveu public aux yeux de ces mutins,
En vous justifiant, calmera nos destins ;
Vos efforts feront voir si le ver qui vous ronge
Méditoit le recit d'un complot ou d'un songe ;
Eteignez au plûtôt le feu que je prévoy,
Ou bien resolvez-vous de perir avec moy.

Se tournant vers Sejanus.

C'est pour l'intimider. Les rayons de ma veuë,
Comme ceux du Soleil, resoudront cette nuë.

SEJANUS.

Il seroit à propos qu'on te vît escorté ;
De grands desseins par là souvent ont avorté.

SCENE IV.
SEJANUS, AGRIPPINE, CORNELIE.
SEJANUS.

Que vous m'avez fait peur!
AGRIPPINE.
Que vous m'avez troublée!
Je sens mon ame encor de surprise accablée.
Confesser au Tyran la conjuration!
SEJANUS.
Mais vous, luy reveler la conspiration!
J'ay crû que votre cœur vous prenoit pour une autre,
J'en ay senti mon front rougir au lieu du vôtre,
Et j'appellois déja la mort avec fierté,
Pour épargner ma honte à votre lâcheté,
Pour en perdre au tombeau la funeste memoire,
Et pour ne pas enfin survivre à votre gloire:
Ouy, j'allois sans lâcher ni soupir ni sanglot,
Moy seul, pour mourir seul, m'accuser du complot,
Et vous justifiant, quoy que mon ennemie,
Combler par mon trépas votre nom d'infamie.
AGRIPPINE.
Vous m'offensez, cruel, par cet emportement,
Mon amour en dépôt vous tient lieu de serment,
Puis que c'est une Loy du Dieu qui nous assemble,
Que si vous perissiez, nous perissions ensemble.
SEJANUS.
Si j'ay de grands soupçons, ce n'est pas sans sujet;
Ce que j'espere est grand, & mon sort est abjet;
Vous faites relever le bonheur de ma vie
D'un bien que l'Univers regarde avec envie;
Et c'est pourquoy je tremble au front de l'Univers,
Quand dessus mon tresor je voy tant d'yeux ouverts,
Ouy, j'ay peur qu'Agrippine icy-bas sans seconde,

TRAGEDIE.

Elevée au sommet de l'Empire du monde,
Comme un prix de Heros, comme une autre Toison,
Ne réchauffe le sang de quelqu'autre Jason;
Et cette peur, helas! doit bien être soufferte
En celuy que menace une si grande perte.

AGRIPPINE.

Non, croyez, Sejanus, avec tous les humains,
Que je ne puis sans vous achever mes desseins,
Et que vous connoîtrez dans peu, comme moy-même,
Vers équivoques. euf!
Si veritablement Agrippine vous aime.

SEJANUS.

Enfin, quoy que Cesar puisse faire aujourd'huy,
La peur dont j'ay tremblé retombera sur luy;
Il faut que je me rende auprés de sa personne,
De peur qu'un entretien si secret ne l'étonne;
Vous, sortez en public, pour tromper le Tyran,
Et guerissez un mal qui n'est pas assez grand:
Contre trois Legions qui frapent à nos portes,
Tous les Prétoriens, & cinquante Cohortes,
Nos gens épouvantez ne feroient que du bruit,
Et n'en recueilleroient que la mort pour tout fruit.
Attendons que l'aspect d'un Astre moins contraire,
Dedans son Isle infame entraine encor Tibere.

SCENE V.

AGRIPPINE, CORNELIE, LIVILLA.

LIVILLA.

LA Discorde allumant son tragique flambeau,
Vous consacre, Madame, un spectacle assez beau,
Et je viens, comme Sœur, prendre part à la joye,
Que lasse de vos maux le destin vous envoye;
Le peuple soulevé pour un exploit si grand,
Vous tient comme en ses bras à couvert du Tyran,
Et ce transport subit, aveugle, & plein de zele,

AGRIPPINE,

Témoigne que les Dieux sont de votre querelle.

AGRIPPINE.
Les Dieux sont obligez de venger mon Epoux,
Si les Dieux icy-bas doivent justice à tous;
Deux partis ont chargé leur balance équitable,
Agrippine outragée, & Tibere coupable.

LIVILLA.
Pour se bien acquitter, ils vous couronneront.

AGRIPPINE.
Ils s'acquitteront bien, quand ils me vengeront;
C'est la mort que je veux, non le rang du Monarque.

LIVILLA.
Se joindre à Sejanus, n'en est pas une marque.

AGRIPPINE.
Je fais encore pis, je me joins avec vous.

LIVILLA.
Vous nous aviez long-temps caché votre courroux.

AGRIPPINE.
Je règle à mon devoir les transports de mon ame.

LIVILLA.
Au devoir en effet vous reglez votre flâme;
Car comme l'amour seul est le prix de l'amour,
Sejanus vous aimant, vous l'aimez à son tour.

AGRIPPINE.
Il vous sied mieux qu'à moy d'aimer un adultere,
Aprés l'assassinat d'un Epoux & d'un Frere.

LIVILLA.
Sont-ils ressuscitez pour vous le réveler?

AGRIPPINE.
S'ils sortoient du cercueil, ils vous feroient trembler.

LIVILLA.
Cette ardeur dont j'embrasse & pressé leur vengeance,
De l'Envie & de vous sauve mon innocence.

AGRIPPINE.
Si sans exception votre main les vengeoit,
Vous verseriez du sang qui vous affoibliroit:
Mais quand vous vengerez leurs Ombres magnanimes,
Vous leur déroberez tout au moins deux Victimes.

LIVILLA.
Vous pourriez m'attendrir par de telles douleurs,
Qu'enfin j'accorderois Sejanus à vos pleurs.

TRAGEDIE.
AGRIPPINE.
Si m'en faisant le don vous faites un miracle,
J'en promets à vos yeux le tragique spectacle :
Mais il vous est utile, & vous le garderez
Pour le premier Epoux dont vous vous lasserez.
LIVILLA.
Quiconque ose inventer ce crime abominable,
Du crime qu'il invente il a l'esprit capable.
AGRIPPINE.
Votre langue s'emporte, appaisez sa fureur,
Ce n'est pas le moyen d'acquerir un vainqueur
Que vous dites m'aimer avec tant de constance ;
Car s'il m'aime, il reçoit la moitié de l'offense.
LIVILLA.
Sejanus vaut beaucoup, vous devez l'estimer.
AGRIPPINE.
Son merite est trop grand, pour pouvoir m'exprimer :
Mais Tibere étant mort, que nous avons en bute,
Sejanus à son tour sera notre dispute ;
Il doit être immolé pour victime entre nous,
Ou bien de votre Frere, ou bien de mon Epoux.
Adieu donc ; & de peur que dans la solitude
Votre jaloux soupçon n'ait de l'inquiétude,
J'engage à ma parole un solemnel serment,
Que je sors sans dessein d'aller voir votre Amant.

SCENE VI.
LIVILLA seule.

Dites, dites le vôtre, Agrippine infidelle,
Qui de Germanicus oubliant la querelle,
Devenez, sans respect des droits de l'amitié,
De son lâche assassin l'execrable moitié.
Femme indigne du nom qui soûtient votre race,
Et qui du grand Auguste avez perdu la trace,
Rougissez en voyant votre Epoux au tombeau,
D'étouffer sa memoire au lit de son Bourreau.
Mais que dis-je, insensée ? ah ! mon trouble est extrême,

AGRIPPINE,

Ce reproche honteux rejaillit sur moy-même,
Puis que de rang égal, & filles d'Empereurs,
Nous tombons elle & moy dans les mêmes erreurs.
Elle aime ce que j'aime, & quoy que je contemple
De lâche dans son cœur, son cœur suit mon exemple.
Et puis, il s'est donné : mais le traître est-il sien ?
M'ayant fait sa Maîtresse, a-t-il droit sur mon bien ?
Non, si par son Hymen ma naissance j'affronte,
J'en cueilleray la gloire, ayant semé sa honte ;
Pour me le conserver, je hazarderay tout,
Je n'entreprendray rien que je ne pousse à bout,
Rien par qui dans sa mort mon bras ne se signale,
Si je puis découvrir qu'il serve ma Rivale.
   Qu'il y pense, ou bientôt des effets inhumains
Feront de son supplice un exemple aux Romains :
Ouy, par les Dieux vengeurs, lâche, je te proteste,
Si ton manque de foy me paroit manifeste,
Qu'avant que le Soleil ait son char remonté,
Tu seras comme ceux qui n'ont jamais esté.

Fin du troisième Acte.

ACTE IV.

TRAGEDIE.

ACTE IV.

SCENE PREMIERE.
TIBERE, SEJANUS.

TIBERE.

Enfin Rome est soûmise, & mes troupes logées
Sont autour du Palais en bataille rangées,
Et je puis foudroyer d'un bras victorieux
Ces superbes Titans qui s'osent prendre aux Dieux;
Je dois par Agrippine ouvrir leurs sepultures,
Sa mort décidera toutes nos avantures.

SEJANUS.
Seigneur, daigne en son sang le tien considerer.

TIBERE.
Quand j'ay du mauvais sang, je me le fais tirer. *Ouf!*

SEJANUS.
Prens garde aussi de perdre Agrippine innocente,
D'un coup si dangereux la suite m'épouvante;
Rome publie à faux par de si prompts effets,
Que pour t'abandonner à de plus grands forfaits,
Tu chasses le témoin de qui l'aspect t'affronte,
Et punis la vertu dont l'éclat te fait honte.

TIBERE.
Quoy! la craindre, & n'oser mettre un terme à ses
    jours?
Ou bien la laisser vivre, & la craindre toujours?
L'un m'est trop dangereux, l'autre m'est impossible.

SEJANUS.
Seigneur, comme elle rend son abord accessible,
  Qu'un Espion fidele évente ses secrets,
Je m'offre à cet employ.

Tome I.   Kk

TIBERE.
Je l'ay mandée exprés,
Ce langage muet des yeux avecque l'ame,
Me pourra découvrir le complot qu'elle trame;
Je feindray de sçavoir qu'elle en veut à mes jours,
Afin que si son front pâlit à ce discours,
Il soit pour la convaincre, un indice contr'elle;
Ou si plein de fierté son front ne la décelle,
Me croyant en secret du complot averti,
Elle abandonne au moins l'interest du parti.
Brisons là, Sejanus, je la voy qui s'avance;
A la faire parler observe ma prudence.

SCENE II.

TIBERE, SEJANUS, AGRIPPINE, CORNELIE.

TIBERE.

Quoy barbare! vouloir ton pere assassiner
Au moment glorieux qu'il te va couronner?
N'apprehendes-tu point, ame fiere, ame ingrate,
Qu'au feu de mon amour ta lâcheté n'éclate,
Et qu'en l'air cette main qui m'assassinera
Ne rencontre la main qui te couronnera?

AGRIPPINE.
Moy, Seigneur?

TIBERE.
Toy, perfide!

AGRIPPINE.
Enfin qui le dépose?

TIBERE.
Demande à Sejanus, il en sçait quelque chose.

SEJANUS.
J'étois present, Madame, à ce triste rapport.

TIBERE.
D'où vient qu'à ce discours tu te troubles si fort?

TRAGEDIE.
AGRIPPINE.
Peut paroître innocente, il faut être coupable,
D'une prompte replique on est bien plus capable,
Parce que l'on apporte au complot declaré,
Contre l'accusateur un esprit préparé.
TIBERE.
Défens, défens-toy mieux.
AGRIPPINE.
     Je pourrois l'entreprendre?
Mais je t'offenserois, si j'osois me défendre;
Ce seroit une preuve à la posterité
Que ta mort étoit juste & pleine d'équité,
Si ton cœur témoignoit par la moindre surprise
Soupçonner ma vertu de l'avoir entreprise.
Je veux donc à ta gloire épargner cet affront,
Tu vois mon innocence, & la lis sur mon front;
Agrippine, Cesar, attenter sur ta vie?
Non, tu ne le crois pas; mais ce monstre d'envie
Dont le souffle ternit la candeur de ma foy,
A sans doute aposté des témoins contre moy;
Car tout Rome connoît qu'il veut par ma ruine
Elever sa maison sur celle d'Agrippine.
TIBERE.
Tout ce déguisement ne te peut garantir,
Ton jour est arrivé, superbe, il faut partir,
Et l'Etat en peril a besoin de ta tête.
AGRIPPINE.
Faut-il tendre le col? qu'on frappe, je suis prête;
Tibere étant icy, je voy l'Executeur:
Mais apprens-moy mon crime, & mon accusateur.
TIBERE.
Tu débauches le peuple à force de largesses,
Tu gagnes dans le Camp mes soldats par promesses,
Tu parois en public, tu montes au Senat,
Tu brigues pour les tiens les Charges de l'Etat.
AGRIPPINE.
Tibere ne reproche à mon ame Royale
Que d'être genereuse, affable & liberale,
Et comme criminelle, à mort il me poursuit!
TIBERE.
La vertu devient crime en faisant trop de bruit.

AGRIPPINE.
AGRIPPINE.
Elle passe du moins pour cela sous ton règne.
TIBERE.
Mon amour paternel à tes Fils le témoigne.
AGRIPPINE.
Cet amour paternel les a tous glorieux
Elevez de ta table, à la table des Dieux ;
Et de si beaux festins tu regales les nôtres,
Qu'après ceux de Tibere ils n'en goûtent plus d'autres.
TIBERE.
Romains, j'ay la bonté d'être le Protecteur
De celle qui me tient pour un empoisonneur ;
Je suis enfant d'Auguste.
AGRIPPINE.
il m'en souvient, Tibere,
Je nâquis en ce temps, qu'à mon bienheureux pere
Toute chose à l'envi succedant à la fois,
Fortune luy donnoit des enfans à trois mois.
TIBERE.
Si je ne tiens de luy le jour que je respire,
Au moins, comme à son fils, il m'a laissé l'Empire ;
Et ce sage Empereur nous rendit par son choix,
Toy l'Esclave soumis, moy le Maître des Loix.
AGRIPPINE.
Ne fais point vanité d'un choix illegitime,
Son orgueil te choisit, & non pas son estime ;
Il te donna l'Empire, afin que l'Univers
Regrettât le malheur d'avoir changé ses fers.
TIBERE.
Parricide, ton pere éprouvé ton audace.
AGRIPPINE.
Tu respectes mon pere en détruisant sa race,
Tu luy bâtis un Temple ; & consacrant ce lieu,
Tu n'y fais immoler que les parens du Dieu ;
Ce n'est pas dans le tronc d'une Idole muette
Que repose son ame, & sa forme secrette ;
C'est dans moy, c'est dans ceux qui sortent de mon flanc,
Et qui s'y sont formez de son celeste sang.
Ne crois pas mes douleurs de criminelles fautes,

TRAGEDIE.

Que pousse le regret du Sceptre que tu m'ôtes :
Mais écoute, Tyran. La cause de mon deüil,
C'est d'entendre gemir l'écho d'un vain cercueil,
Une Ombre désolée, une Image parlante,
Qui me tire la robe avec sa main tremblante ;
Un Phantôme tracé dans l'horreur de la nuit,
Que j'entens sangloter au chevet de mon lit,
Le grand Germanicus, dont les Mânes plaintives
M'appellent, pour le suivre, aux infernales rives,
Et de qui, quand je dors, d'un pas rempli d'effroy,
Le Spectre soûpirant vient passer devant moy.
Je te suis, mon Epoux ; mais j'attens pour descendre,
Que j'aye réchauffé de sang ta froide cendre,
Aux pieds de ta Statuë immolé ton Bourreau,
Et de son corps sanglant rempli ton vain tombeau,
Que si le Ciel injuste est sourd à ma requeste...

TIBERE.

Ton bras, à son défaut, attaquera ma tête.

AGRIPPINE.

Qui m'empêche, Tyran, si c'étoit mon dessein,
De plonger tout à l'heure * un poignard dans ton sein ?
Mais vis en seureté, la veuve d'un Alcide
Rougiroit de combattre un Monstre si timide.

Elle tire un poignard, qu'elle jette aux pieds de l'Empereur.

TIBERE.

En découvrant ainsi ta noire intention,
Et travaillant toy-même à ta conviction,
Tu t'épargnes la gesne.

AGRIPPINE.

Ah ! si je suis blâmable,
Mon orgueil, non pas moy, de mon crime est coupable,
Et mon cœur échauffé de ce sang glorieux,
Qui se souvient encor d'être sorti des Dieux,
Au nom de parricide, ardent & plein de flâme,
Tâche par son transport d'en repousser le blâme ;
Et sans voir que mon Prince est mon accusateur,
Il revolte ma voix contre mon Empereur.

TIBERE.

Ah ! si mon sang t'émeut, il merite ta grâce,

AGRIPPINE,

L'orgueil n'est pas un crime aux enfans de ma race;
Mais comme d'un soupçon la noirceur s'effaçant,
Laisse encor quelque tache au nom de l'innocent;
De peur que trop de jour désillant ma paupiere,
Dans mon cœur malgré moy jette trop de lumiere,
J'abandonne des lieux où je crains de trop voir.
Reste icy par mon ordre avec un plein pouvoir.
Pour ton fils, je l'emmene, il sera dans Caprée,
De nôtre intelligence une chaîne assûrée;
La molesse de Rome énerve un jeune Esprit,
Et sa fleur sans éclore en bouton s'y flétrit.

SCENE III.

AGRIPPINE, SEJANUS, CORNELIE.

AGRIPPINE.

Ô Qu'il est à propos de sçavoir se contraindre!
Mais comment se forcer quand on ne sçauroit craindre?
Dans mon abbaissement incapable d'effroy,
Cesar me semble encor bien au dessous de moy.
Le nom de mon mary, mon rang, & ma naissance,
Enflent tous mes discours d'une mâle assûrance.
La terre a beau plier sous cet Usurpateur,
Mon sang me fait regner sur ce lâche Empereur;
Encor qu'insolemment le superbe me brave,
Je ne puis m'abbaisser à flater mon esclave.
Quoy, mon Fils à Caprée!

SEJANUS.
    O Ciel!

AGRIPPINE.
      Ah, Sejanus!
La fureur me saisit, je ne me connois plus.
Vois-tu pas son dessein?

SEJANUS.
    Ce rusé Politique

TRAGEDIE.

La cache aux yeux de Rome & de la Republique ;
Son amitié travaille à le faire oublier,
De l'asile qu'il donne il se fait le Geolier,
Et vous desunissant à faux titre de pere,
Ote la mere au fils, & le fils à la mere.
Ah ! Madame, il est temps de faire agir la main,
Dont le coup doit un Maître à l'Empire Romain.
Allez descendre au camp, mutinez les Gendarmes,
Faites-les souvenir d'avoir porté les armes,
D'avoir en cent climats planté nos Pavillons,
Et fauché par la mort tant d'affreux bataillons,
Sans qu'il reste à pas un, pour vingt ans de services,
Que des cheveux blanchis, de larges cicatrices,
Des cadavres antez dessus des membres morts,
Et des troncs survivans la moitié de leurs corps.
Pour les piquer d'honneur, vous direz de leurs peres
Que vous les avez vûs parmi nos adversaires,
Pêle-mêle entassez, & sanglans qu'ils étoient,
S'enterrer sous le poids des corps qu'ils abbattoient,
Percer des escadrons les murailles ferrées,
Faire avec un bras seul plus que deux Briarées,
Et qu'au lit de la mort ces vaincus triomphans
Vous ont recommandé leurs malheureux enfans ;
Que c'est bien la raison que vous serviez de mere
A ceux dont votre époux étoit jadis le pere ;
Que tout son patrimoine il leur avoit laissé,
Mais que le Testament par Cesar fut cassé.
Allez, cela fini, de rang en rang paroître,
Flater chaque soldat, feindre de le connoître,
Et jettant à la foule une somme d'argent,
Protestez qu'au Palais d'un œil si diligent
On veille vos discours, vous pensers, votre vie,
Qu'un don plus genereux attireroit l'envie ;
Mais qu'en un grand dessein, s'ils vous veulent aider,
Et vous mettre en état de pouvoir commander,
Vous leur restiturez ce fameux heritage
Que leur pere mourant leur laissoit en partage.

CORNELIE.

Si leur ame en suspens semble encor hésiter,
Vous sçaurez par ces mots leur courage exciter.
Quoy, vous, mes compagnons, dont l'ardente colere

Fit trembler autrefois le Trône de Tibere,
Qui difpenfiez la vie & la mort aux humains,
Qui portiez des combats la Fortune en vos mains,
Qui vouliez au Tyran arracher la Couronne
Pour des crimes legers dont il couvroit fon Trône,
Vous femblez l'adorer deffus fon Trône affis,
Quand il eft devenu le Bourreau de fes fils?
Où s'en eft donc allé cette noble furie,
Et ce feu qui veilloit au bien de la Patrie?
Le Ciel d'un coup de foudre épargneroit vos mains,
S'il ofoit ufurper la Charge des Romains.
Marchez donc fans trembler fur les pas d'une femme,
Epuifez d'un vieillard ce qui luy refte d'ame.
Que fi d'un efprit foible en cet illuftre employ
Vous craignez le peril, ne frapez qu'aprés moy.
Ce difcours achevé, du haut de leur Tribune,
Avec un front égal attendez la fortune.

AGRIPPINE à Sejanus.

Mais fans que de l'Etat nous déchirions le flanc,
Que le fang de Tibere épargne tant de fang,
Laiffe-moy l'attaquer feule en face de Rome,
Il ne merite pas de tomber fous un homme.

SEJANUS.

Madame, en ma faveur ne vous expofez point.
Attendons au parti le Soldat qui fe joint.
Du plus feur au plus prompt ne faites point d'é-
change.

AGRIPPINE.

Periffe l'Univers pourvû que je me venge.

SEJANUS.

Ouy, vous ferez vengée, ouy, Madame, & bientôt;
Votre Ayeul dans le Ciel le demande affez haut,
Et du fonds des enfers votre époux vous le crie:
Mais pour un malheureux conservez votre vie,
Vous me l'avez promis.

AGRIPPINE.

Ouy, va, je m'en fouviens;
Mais une Ombre qui crie empêche nos liens.

SEJANUS.

Hé quoy! Germanicus peut-il trouver étrange
Que fa veuve fe donne à celuy qui le venge?

TRAGEDIE.

AGRIPPINE.

Non, sa veuve à son gré te sera son époux,
Tu seras son Rival sans qu'il en soit jaloux ;
Il joindra de son nom la force à ton audace,
Pourvû qu'en le vengeant tu merites sa place :
A ces conditions que je passe avec toy,
Dessous le sceau d'Hymen je t'engage ma foy :

Vers qui cachent un autre sens.

Mais il faut, si tu veux que le Contrat s'observe,
Vengeant Germanicus, le venger sans reserve ;
Et quand ton bras aura ses Mânes consolez,
Et tous ses meurtriers à son Ombre immolez,
Mes faveurs envers toy pour lors seront si grandes,
Que je t'épouseray, si tu me le demandes.

SEJANUS.

Quoy, vous m'aimez, Madame, & je l'apprens de vous ?
Quoy, je puis esperer d'être un jour votre Epoux ?
Et l'excés du plaisir dont mes sens sont la proye,
Ne me sçauroit encor faire expirer de joye ?
Si le Sort ne veut pas que je meure d'amour,
Ni que sans votre aveu je sois privé du jour ;
Du moins je vous diray jusqu'au soupir extrême,
Voyez mourir d'amour Sejanus qui vous aime.

AGRIPPINE.

Adieu, ma Sœur approche, ôte-luy les soupçons
Qu'elle pourroit avoir que nous la trahissons.

SEJANUS.

Ah ! Madame, elle peut nous avoir écoutée,
Elle marche à grands pas, & paroît transportée.

SCENE IV.
SEJANUS, LIVILLA.

Livilla.

SI le Sort ne veut pas que je meure d'amour,
Ni que sans votre aveu je sois privé du jour,
Du moins je vous diray jusqu'au soupir extrême,
Voyez mourir d'amour Sejanus qui vous aime.
Mais toy, me hais-tu, lâche, autant que je te hais,
Et que veut ma fureur te haïr desormais ?
Tu l'as prise pour moy, cette aimable Princesse,
Tu pensois me parler, & me faire caresse :
Comme je suis pour toy de fort mauvaise humeur,
Tu prenois des leçons à fléchir ma rigueur ;
Ingrat, tu punis bien ce que fit mon courage,
Quand je sacrifiay mon époux à ta rage.
Est-ce trop peu de chose ? & pour te meriter,
A des crimes plus grands faut-il encor monter ?
J'ay tué mes neveux, j'ay fait perir mon frere,
Et je suis sur le point d'égorger mon Beaupere :
Du creux de ton neant sors, Sejanus, & voy
Le Trône où mes forfaits t'ont élevé sans toy.
Si pour des coups si grands tu te sens trop timide,
Rens-moy l'Assassinat, rens-moy le Parricide,
Et pour me rendre un crime encor plus déplaisant,
Traître, rens-moy l'amour dont je t'ay fait present.

SEJANUS.

Comment agir, Madame, avec une Princesse
Dont il faut ménager l'esprit avec adresse ?
A qui tous nos desseins paroîtroient furieux,
Sans le bandeau d'Amour qui luy couvre les yeux ?
Helas ! si dans mon sein vous voyiez la contrainte,
Dont déchire mon cœur cette cruelle feinte ;
Quand la haine me force à trahir l'amitié,
Peut-être en cet état vous ferois-je pitié :
Les larmes dont je feins vouloir prendre son ame,
Luy montrent ma douleur bien plûtôt que ma flâme.

TRAGEDIE.
LIVILLA.

O Dieux! qu'on a de peine à prononcer l'Arrest,
Quand on veut condamner un ennemi qui plaît!
Je t'abhorre, je t'aime, & ma raison confuse,
Comme un Juge irrité soy-même se recuse;
Ton crime parle en vain, je n'ose l'écouter,
J'ay peur qu'il ne me force à n'en pouvoir douter;
Quoy que sensiblement ta trahison m'offense,
Je me la cache, afin d'arrêter ma vengeance;
Ou si plus clairement il me faut exprimer,
Je me la cache, afin de te pouvoir aimer.
C'en est trop, Sejanus, ma douleur est contente,
La plus foible raison suffit pour une Amante,
Et malgré mon soupçon contre toy si puissant,
Parce que je t'aimay, je te crois innocent.
Adieu, voy l'Empereur, assiege sa personne,
Qu'en tous lieux ton aspect l'épouvante & l'étonne.

SEJANUS.

Je sçay que l'Empereur ne peut être averti
Du nom des conjurez qui forment le parti;
Cependant plus ma course approche la barriere,
Plus mon ame recule, & me tire en arriere.

LIVILLA.

Va, va, ne tremble point, aucun ne te trahit.

SEJANUS.

Une secrette horreur tout mon sang envahit:
Je ne sçay quoy me parle, & je ne puis l'entendre,
Ma raison dans mon cœur s'efforce de descendre;
Mais encor que ce bruit soit un bruit mal distinct,
Je sens que ma raison le cede à mon instinct:
Cette raison pourtant redevient la Maitresse,
Frappons, voila l'Hostie, & l'occasion presse;
Aussi-bien, quand le coup me pourroit accabler,
Sejanus peut mourir, mais il ne peut trembler.

SCENE V.
LIVILLA.

L'Intrigue est découvert, les lâches m'ont trahie,
Ils m'en ont fait l'affront, ils en perdront la vie;
D'un esprit satisfait je les verray mourir,
Et periray contente, en les faisant perir.
O vous, mes chers neveux, mon époux, & mon frere,
Ma fureur a trouvé le moyen de vous plaire;
Pour vous rendre le faix du tombeau plus leger,
De tous vos assassins elle va vous venger;
Et par des coups si grands, si pleins, si legitimes,
Que je seray comprise au nombre des victimes.
Mais le temps que ma bouche employe à soupirer,
Prête à nos criminels celuy de respirer.
Hâtons-nous; car enfin du jour qu'ils me trahissent,
Ils me l'ont dérobé cet air dont ils joüissent.

Fin du quatriéme Acte.

ACTE V.

SCENE PREMIERE.
TIBERE, LIVILLA, FURNIE.

TIBERE.
Un homme qu'en dormant la Fortune éleva...
LIVILLA.
Que de l'obscurité ton amitié sauva.
TIBERE.
Sejanus dont la tête unie à ma personne,
Emplissoit avec moy le rond de ma Couronne,
En vouloir à mes jours ! Il en mourra l'ingrat !
LIVILLA.
Par sa punition assûre ton Etat.
TIBERE.
Je veux qu'en son trépas la Parque s'étudie
A prolonger sa peine au delà de sa vie ;
Qu'il meure, & qu'un sanglot ne luy soit point permis,
Qu'il arrête les yeux de tous ses ennemis,
Et qu'il soit trop peu d'un pour la douleur entiere
Dont il doit servir seul d'espece & de matiere.
LIVILLA.
A quelque extremité qu'aille son châtiment,
Tu te venges d'un traître encor trop doucement ;
Mais, Seigneur, sans peril le pourras-tu détruire,
Et n'est-il plus, le lâche, en état de te nuire ?
TIBERE.
Il est pris, le superbe, on instruit son procés,
Et je le voy trembler de son dernier accés.
Aussi-tôt que ta bouche à l'Etat secourable,
M'eut decouvert l'Auteur de ce crime execrable,
Pour l'éloigner des siens avecque moins d'éclat,

AGRIPPINE,

J'ay fait dans mon Palais assembler le Senat;
Mais c'est avec dessein d'attirer ce perfide,
Et pouvoir en ses yeux lire son parricide.
Les convoquez sont gens à ma dévotion,
Le Consul est instruit de mon intention;
On fait garde par-tout, & par-tout sous les armes
Le Soldat tient la ville & le peuple en allarmes:
Cependant au Palais le coupable arrêté,
Et du rang de Tribun par ma bouche flaté,
Vient d'entrer au Senat pour sortir au supplice;
Il n'a plus d'autres lieux à voir qu'un précipice.

LIVILLA.

Seigneur, & d'Agrippine en a-t-on résolu?
Tu dois l'exterminer de pouvoir absolu:
Cet esprit insolent d'un trop heureux mensonge,
Croit t'avoir sur son crime endormi par un songe.

TIBERE.

Ce songe fabuleux ne m'a point endormi,
Au dessein de la perdre il m'a plus affermi:
De l'attentat qui trouble une ame embarassée,
La parole est toûjours auprés de la pensée;
Et le cœur agité par quelque grand dessein,
Ebranle malgré soy la bouche avec le sein.
Non, ma Fille, elle court à son heure derniere,
Et sans qu'elle le sçache, on la tient prisonniere:
J'ay corrompu ses gens, dont l'escorte sans foy
La garde jour & nuit, non de moy, mais pour moy;
Et ses plus confidens que mon épargne attète,
A mes pieds, si je veux, apporteront sa tête:
Mais je la flate afin que son Arrest fatal
Quand il la surprendra, luy fasse plus de mal.

SCENE II.

NERVA, TIBERE, LIVILLA.

NERVA.

Seigneur, il est jugé; quand on a lû ta lettre,
Sans que pour luy personne ait osé s'entremettre,

TRAGEDIE.

Comme si son malheur étoit contagieux,
Chacun de son visage a détourné les yeux.
Ce puissant Sejanus, si grand, si craint n'aguere,
Cette Divinité du noble & du vulgaire,
A qui le peuple au Temple appendoit des tableaux,
A qui l'on décernoit des triomphes nouveaux,
Qu'on regardoit au Trône avec idolatrie,
Nommé par le Senat Pere de la Patrie,
Dans un corps où pour tel chacun l'avoit tenu,
N'a point trouvé d'enfans qui l'ayent reconnu:
Ils l'ont condamné tous d'une voix unanime
Au supplice du Roc, pour expier son crime:
Ce coupable est déja dans la cour descendu,
Où par l'Executeur ton ordre est attendu.

LIVILLA.

Cesar, au nom des Dieux, commande qu'on l'amene,
Il importe à ta vie, il importe à ma haine,
Qu'avant le coup fatal nous puissions nous parler;
Car j'ay d'autres secrets encor à reveler.

TIBERE.

Fais qu'il monte, Nerva.

SCENE III.
TIBERE, LIVILLA.
LIVILLA.

Cette haute indulgence
Me surprend, & m'oblige à la reconnoissance,
Afin donc que Cesar demeure satisfait,
Et que ma courtoisie égale son bienfait,
Je luy veux découvrir le plus grand des complices.

TIBERE.

Par son nom, Livilla, couronne tes services.

LIVILLA.

Ouvre les yeux sur moy, Tytan, c'est Livilla.

TIBERE.

La fureur de ma Bru passeroit jusques-là?

AGRIPPINE;

LIVILLA.
Appelles-tu fureur un acte de Justice?

TIBERE.
Donc de mon assassin ma Fille est la complice?

LIVILLA.
Non, je ne la suis pas, Tibere; il est le mien;
J'ay formé l'attentat, mais le malheur est sien.
Du massacre d'un Monstre il sort assez d'estime,
Pour disputer l'honneur d'en avoir fait le crime.
Ouy, ce fut moy, Tyran, qui l'armay contre toy.

TIBERE.
La femme de mon fils conspire contre moy?

LIVILLA.
Moy, femme de ton fils, moy fille de ton frere,
J'allois te poignarder, toy, mon oncle & mon pere;
Par cent crimes en un me donner le renom
De commettre un forfait qui n'eût point eu de nom;
Moy ta niece, ta bru, ta cousine, ta fille,
Moy qu'attachent par-tout les nœuds de ta famille,
Je menois en triomphe à ce coup inhumain
Chacun de tes parens t'égorger par ma main;
Je voulois prophaner du coup de ma vengeance
Tous les degrez du sang, & ceux de l'alliance,
Violer dans ton sein la nature & la loy:
Moy seule revolter tout ton sang contre toy,
Et montrer qu'un Tyran dans sa propre famille
Peut trouver un Boureau, quoy qu'il n'ait qu'une fille.
J'ay tué mon époux; mais j'eusse encor fait pis,
Afin de n'être plus la femme de ton fils;
Car j'avois dans ma couche à ton fils donné place,
Pour être en mes enfans maîtresse de ta race,
Et pouvoir à mon gré répandre tout ton sang,
Lors qu'il seroit contraint de passer par mon flanc.
Si je t'ay découvert la revolte secrette
Dont ce couple maudit complotoit ta défaite,
C'est que mon cœur jaloux de leurs contentemens,
N'a pû que par le fer desunir ces Amans:
Et dans mon desespoir si je m'accuse encore,
C'est pour suivre au tombeau Sejanus que j'adore.
Ose donc, ose donc quelque chose de grand,
Je brûle de mourir par les mains d'un Tyran.

TIBERE.

TRAGEDIE.
TIBERE.

Oüy tu mourras, perfide ; & quoy que je t'immole,
Pour punir ta fureur, je te tiendray parole ;
Tu verras son supplice, il accroîtra ton deüil,
Tes regards étonnez le suivront au cercueil :
Il faut que par tes yeux son desastre te tuë,
Et que toute sa mort se loge dans ta vûë.
Observez-la, Soldats, faites garde en ces lieux ;
Et pendant les transports de leurs tristes adieux,
Qu'on la traîne à la mort, afin que sa tendresse
Ne pouvant s'assouvir, augmente sa tristesse.

SCENE IV.
LIVILLA.

HE' bien, Furnie, hé bien ? le voila ce grand jour,
Dont la lumiere éteinte éteindra mon amour.
Mais elle m'abandonne, & n'oseroit m'entendre ;
Déja de mon destin chacun se veut déprendre ;
Et comme si des morts j'avois subi la loy,
Les vivans ont horreur de s'approcher de moy.

SCENE V.
LIVILLA, SEJANUS, NERVA.
LIVILLA.

ENfin sur le penchant de ta proche ruine,
Ni l'amour de Cesar, ni l'amour d'Agrippine,
Ni pour tes intérests tout le peuple assemblé,
Ni l'effort du parti dont nôtre Aigle a tremblé,
Ne peuvent racheter ni garantir ta tête
Du tonnerre grondant que ma vengeance apprête ;
Ton trépas est juré, Livilla l'entreprend,
Et la main d'une Femme a fait un coup si grand.

Tome I.

SEJANUS.

Nous devant assembler sous la loy d'Hymenée,
Me pouvois-je promettre une autre destinée ;
Vous étes trop sçavante à perdre vos époux,
On se joint à la mort, quand on se joint à vous.

LIVILLA.

Ton amour m'enseigna ce crime abominable ;
Peut-on être innocent lors qu'on aime un coupable ?
J'eus recours aux forfaits pour t'attacher à moy,
Tu n'épouseras point Livilla malgré toy :
Mais Agrippine aussi ne sera point ta Femme.
Ne pouvant étouffer cette ardeur qui t'enflâme,
Sans t'arracher la vie où loge ton amour,
J'ay mieux aimé, barbare, en te privant du jour,
Précipiter le vol de mon heure fatale,
Que de te voir heureux aux bras de ma Rivale.

SEJANUS.

La mort, dont vous pensez croître mon desespoir,
Delivrera mes yeux de l'horreur de vous voir,
Nous serons separez, est-ce un mal dont je tremble ?

LIVILLA.

Tu te trompes encor, nous partirons ensemble :
La Parque, au lieu de rompre, allongera nos fers ;
Je t'accompagneray jusques dans les Enfers :
C'est dans cette demeure à la pitié cachée,
Que mon Ombre sans cesse à ton Ombre attachée,
De son vol éternel fatiguera tes yeux,
Et se rencontrera pour ta peine en tous lieux ;
Nous partirons ensemble, & d'une égale course
Mon sang avec le tien ne fera qu'une source,
Dont les ruisseaux de feu par un reflus commun
Pêle-mêle assemblez, & confondus en un,
Se joindront chez les morts d'une ardeur si commune,
Que la Parque y prendra nos deux ames pour une.
Mais Agrippine vient ; ses redoutables yeux,
Ainsi que de ton cœur, me chassent de ces lieux.

TRAGEDIE.

SCENE IV.

AGRIPPINE, SEJANUS, NERVA.

AGRIPPINE.

DEmeure, Sejanus, on te l'ordonne, arrête :
Je te viens annoncer qu'il faut perdre la tête ;
Rome en foule déja court au lieu de ta mort.

SEJANUS.

D'un courage au dessus des injures du Sort,
Je tiens qu'il est si beau de cheoir pour vôtre cause,
Qu'un si noble malheur borne tout ce que j'ose;
Et déja mes travaux sont trop bien reconnus,
S'il est vray qu'Agrippine ait pleuré Sejanus.

AGRIPPINE.

Moy pleurer Sejanus ? moy te pleurer, perfide ?
Je verray d'un œil sec la mort d'un patricide :
Je voulois, Sejanus, quand tu t'offris à moy,
T'égorger par Tibere, ou Tibere par toy ;
Et feignant tous les jours de t'engager mon ame,
Tous les jours en secret je devidois ta trame.

SEJANUS.

Il est d'un grand courage, & d'un cœur genereux,
De ne point insulter au sort d'un malheureux :
Mais j'en sçay le motif; pour effacer la trace
Des soupçons qui pourroient vous joindre à ma disgrace,
Vous bravez mes malheurs, encor qu'avec regret,
Afin de vous purger d'être de mon secret :
Madame, ce n'est pas connoître mon génie,
Car j'aurois fort bien sçû mourir sans compagnie.

AGRIPPINE.

Ne t'imagines pas que par un feint discours
Je tâche vainement à prolonger mes jours ;
Car puis qu'à l'Empereur ta trame est découverte,
Il a sçû mon complot & résolu ma perte :
Aussi j'en soûtiendray le coup sans reculer,
Mais je veux de ta mort pleinement me soûler.

AGRIPPINE,

Et goûter à longs traits l'orgueilleuse malice
D'avoir par ma presence augmenté ton supplice.

SEJANUS.
De ma mortalité je suis fort convaincu;
Hé bien, je dois mourir, parce que j'ay vêcu.

AGRIPPINE.
Mais as-tu de la mort contemplé le visage?
Conçois-tu bien l'horreur de cet affreux passage?
Connois-tu le desordre où tombent leurs accords,
Quand l'ame se déprend des attaches du corps?
L'image du tombeau qui nous tient compagnie,
Qui trouble de nos sens la paisible harmonie,
Et ces derniers sanglots dont avec tant de bruit
La Nature épouvante un homme qui s'enfuit?
Voila de ton destin le terme épouvantable.

SEJANUS.
Puis qu'il en est le terme, il n'a rien d'effroyable :
La mort rend insensible à ses propres horreurs.

AGRIPPINE.
Mais une mort honteuse étonne les grands cœurs.

SEJANUS.
Mais la mort nous guerit de ces vaines chimeres.

AGRIPPINE.
Mais ta mort pour le moins passera les vulgaires :
Ecoute les malheurs de ton dernier Soleil.
Car je sçay de ta fin le terrible appareil.
De joye & de fureur la populace émeuë
Va pour aigrir tes maux en repaître sa veuë:
Tu vais sentir chez toy la mort s'insinuer,
Par-tout où la douleur se peut distribuer :
Tu vas voir les enfans te demander leurs peres,
Les femmes leurs maris, & les freres leurs freres,
Qui pour se consoler en foule s'étouffans,
Iront voir à leur rage immoler tes enfans :
Ton fils, ton heritier, à la haine de Rome,
Va tomber, quoy qu'enfant, du suplice d'un homme,
Et te perçant du coup qui percera son flanc,
Il éteindra ta race & ton nom dans son sang:
Ta fille devant toy, par le Bourreau forcée,
Des plus abandonnez blessera la pensée,
Et de ton dernier coup la Nature en suspens

TRAGEDIE.

Promenera ta mort en chacun de tes sens.
D'un si triste spectacle es-tu donc à l'épreuve ?
SEJANUS.
Cela n'est que la mort, & n'a rien qui m'émeuve.
AGRIPPINE.
Et cette incertitude où mene le trépas ?
SEJANUS.
Etois-je malheureux, lors que je n'étois pas ?
Une heure aprés la mort notre ame évanoüie,
Sera ce qu'elle étoit une heure avant sa vie.
AGRIPPINE.
Mais il faut, t'annonçant ce que tu vas souffrir,
Que tu meures cent fois avant que de mourir.
SEJANUS.
J'ay beau plonger mon ame & mes regards funebres,
Dans ce vaste néant, & ces longues tenebres,
J'y rencontre par-tout un état sans douleur,
Qui n'éleve à mon front ni trouble ni terreur :
Car puis que l'on ne reste aprés ce grand passage,
Que le songe leger d'une legere image,
Et que le coup fatal ne fait ni mal ni bien,
Vivant parce qu'on est, mort parce qu'on est rien :
Pourquoy perdre à regret la lumiere receuë,
Qu'on ne peut regretter aprés qu'elle est perduë ?
Pensez-vous m'étonner par ce foible moyen,
Par l'horreur du tableau d'un être qui n'est rien ?
Non, quand ma mort au Ciel luiroit dans un Comete,
Elle me trouvera dans une ferme assiette :
Sur celle des Catons je m'en vais encherir,
Et si vous en doutez, venez me voir mourir.
Marchez, Gardes.
AGRIPPINE.
Marchez. Je te rends grace, ô Rome,
D'avoir d'un si grand cœur partagé ce grand homme :
Car je suis seure au moins d'avoir vengé le Sort
Du grand Germanicus, par une grande mort.

SCENE VII.
TIBERE, AGRIPPINE.

TIBERE.

JE vous cherche, Madame, avec impatience,
Et viens vous faire part du fruit de ma vengeance:
Sejanus par sa mort vous va faire raison,
Et venger hautement votre illustre Maison.

AGRIPPINE.

Cesar, je te rens grâce, & te suis obligée,
Du traître Sejanus enfin tu m'as vengée,
Tu payes mon Epoux de ce que je luy doy:
Mais quel bras aujourd'hui me vengera de toy ?
La suite de ta mort m'assurant de la sienne,
Ma vengeance voloit toute entiere à la tienne ;
Mais dans ce grand projet dont j'attendois mon bien,
Son trépas imprévû n'a point causé le tien.
Où sera mon recours ? ma Famille outragée,
Sur le tombeau d'un seul n'est qu'à demi vangée,
Si je veux donc m'en faire une entiere raison,
Ta tête pour victime est dûë à ma Maison:
Oüy, je dois t'arracher & l'Empire & la vie,
Par cent coups redoublez contenter mon envie,
Sejanus abbatu renverser son appuy,
Te noyer dans son sang, t'immoler dessus luy,
Et d'une main cruelle en desserrant ta vûë,
Te contraindre de voir que c'est moy qui te tuë.

TIBERE.

Ah! c'est trop, Agrippine.

AGRIPPINE.

Ah! c'est encor trop peu,
Il faut que ton esprit aveuglé de son feu,
Tombant pour me punir dans un transport infame,
Comble tes lâchetez du meurtre d'une Femme.

TIBERE.

Mais je t'ay convaincuë, & ton crime avéré
Rend ton Arrest sans tache, & mon front assûré.

TRAGEDIE.
AGRIPPINE.
Comme je sçay, Tyran, ce que ton cœur estime,
Que le crime te plait à cause qu'il est crime ;
Si le trepas m'est dû, j'empêche ton transport
De gouter le plaisir d'en commettre à ma mort.
TIBERE.
Moy, te donner la mort ! j'admire ton audace :
Depuis quand avec nous es-tu rentrée en grâce ?
Pour allonger tes maux, je te veux voir nourrir
Un trepas eternel dans la peur de mourir.
AGRIPPINE.
Enfin, lâche Empereur, j'apperçois ta foiblesse
A travers l'épaisseur de toute ta sagesse,
Et du déguisement dont fait ta vanité
Un specieux pretexte à ta timidité.
Quoy, Tyran, tu pâlis ? ton bras en l'air s'arrête,
Lors que d'un front sans peur je t'apporte ma tête ?
Prends garde, mon Bourreau, de ne te point troubler,
Tu manqueras ton coup, car je te fais trembler.
Que d'un sang bien plus chaud, & d'un bras bien plus
    ferme,
De tes derniers Soleils j'accourcirois le terme !
Avec combien de joye & combien de vigueur
Je te ferois descendre un poignard dans le cœur !
En tout cas, si je tombe au deça de l'ouvrage,
Je laisse encor un Fils heritier de ma rage,
Qui fera, pour venger les maux que j'ay soufferts,
Rejaillir jusqu'à moy ton sang dans les Enfers.
TIBERE.
Qu'on l'ôte de mes yeux, cette ingrate Vipere.
AGRIPPINE.
On te nommoit ainsi, quand tu perdis ton Père.
TIBERE.
Enfin persecuté de mes proches parens,
Et dedans ma Famille au milieu des Serpens,
J'imiterai, superbe, Hercule en ce rencontre.
AGRIPPINE.
O le digne rapport d'Hercule avec un Monstre !
TIBERE.
Qu'on égorge les siens, horsmis Caligula.

AGRIPPINE,
Pour ta perte il suffit de sauver celuy-là.

SCENE VIII.
TIBERE.

D'Elle & de Sejanus, les ames déloyales
Arriveront ensemble aux plaines infernales,
Mais pour Terentius, à l'un & l'autre uni,
Perdant tout ce qu'il aime, il est assez puni.

SCENE DERNIERE
TIBERE, NERVA.
NERVA.

Cesar...

TIBERE.
Hé bien, Nerva ?

NERVA.
J'ay vû la catastrophe
D'une femme sans peur, d'un Soldat Philosophe.
Sejanus a d'un cœur qui ne s'est point soûmis,
Maintenu hautement ce qu'il avoit promis :
Et Livilla de mesme, éclatante de gloire,
N'a pas d'un seul soupir offensé sa memoire.
Enfin, plus les Bourreaux qui les ont menacez...

TIBERE.
Sont-ils morts l'un & l'autre ?

NERVA.
Ils sont morts.

TIBERE.
C'est assez.

FIN.

www.ingramcontent.com/pod-product-compliance
Lightning Source LLC
LaVergne TN
LVHW022122080426
835511LV00007B/980